AF248242

DE LA COLONISATION

EN AFRIQUE.

Paris.—Imprimerie de COSSE et J. DUMAINE, rue Christine, 2.

DE LA
COLONISATION
EN AFRIQUE.

PAR UN PAYSAN DU DANUBE.

Paris,

IMPRIMERIE ET LIBRAIRIE MILITAIRES.

J. DUMAINE, NEVEU ET SUCCESSEUR DE G. LAGUIONIE,

(Maison Anselin)

Rue et passage Dauphine, 36.

1843

De
LA COLONISATION
EN AFRIQUE.

La partie de l'Afrique que nous possédons depuis treize ans, offre un singulier aspect. Dan toutes les villes conquises et occupées par nous sur le littoral de la mer, on voit partout la trace de notre domination, et nulle part les moyens de la consolider et de la rendre durable. Des courses militaires dans le pays, de nombreuses razzias, des bulletins pompeux, voilà tout ce que nous avons retiré d'Afrique jusqu'à présent. Tout cela peut être fort glorieux sans doute; mais si l'on compare les sacrifices aux avantages, on ne trouve aucune compensation entre les premiers et les

seconds. Plus de cent mille hommes y ont été
engloutis; et quant aux millions, la France sait
ce que lui coûte sa souveraineté dans le nord de
l'Afrique. Cependant il est permis, après treize
ans de possession, de demander où l'on veut en
venir, et quel plan on doit suivre pour arriver à
un résultat qui promette quelque fruit d'une si
chère conquête. On veut coloniser, s'empresse-
t-on de répondre.—C'est bien ; mais il faut savoir
comment. Certes, ce ne sont pas les razzias, composées de deux choses qui font également hor-
reur, le pillage et le massacre des malheureuses
tribus qu'on extermine, qui sont un achemine-
ment à la colonisation. Quelques hommes y ga-
gnent des grades, des honneurs, de l'argent ; mais
la France y perd de braves militaires, et tou-
jours quelques millions de plus chaque année.—Il
faut bien, réplique-t-on, pacifier sa conquête par
la victoire, et en finir avec ses ennemis.—Pacifier des populations nomades, en les soumettant
par une agression incessante ! Mais c'est folie ; à
moins qu'on n'ait conçu la pensée plus folle encore d'anéantir jusqu'au dernier toute la race
africaine... En finir avec ses ennemis ! mais il
n'y a d'ennemis réels que la différence dans les

mœurs, dans le langage et dans les croyances religieuses, entre nous et les populations que nous combattons ; cette différence, qui ne disparaîtra jamais, fera éternellement du musulman un ennemi pour le chrétien. Il faut donc cesser de parler d'ennemis, pour une contrée de la terre où ce mot ne peut y être entendu dans son acception ordinaire.—Et Abd-el-Kader et ses troupes, va-t-on objecter ? — Oui, Abd-el-Kader est en effet le seul nom que l'on puisse citer, le seul homme qui réponde à notre agression ; mais cet homme n'existe que parce que nous l'avons créé en vertu d'un trop fameux traité. Il a reçu, ce jour-là, une puissance dont il ne se doutait pas lui-même ; il est devenu émir de notre autorité privée, de simple et obscur Arabe qu'il était avant. Nous lui avons donné des soldats qui lui manquaient ; nous avons ouvert un théâtre à son génie, et, armé du fanatisme, il a appelé les vrais croyants sous l'étendard de la religion. Voilà ce que nous avons fait, et c'est précisément ce qui prouve que les mœurs, le langage et les croyances religieuses des musulmans sont nos seuls et nos indomptables ennemis.

Mais alors, va-t-on nous dire, vous qui blâmez ce qu'on fait, enseignez-nous ce que vous pensez être le meilleur moyen de remédier au mal.—Volontiers.

Je commence par dire que mon système n'est pas neuf, ou plutôt mon système n'en est pas un. Je le puise dans l'histoire. C'est un grand maître que l'histoire; peu de gens le consultent, et un très grand nombre dédaigne ses enseignements. Ce n'est pas une épigramme contre nos vainqueurs d'Afrique.

Quand il s'agit de conquête et de colonisation, on peut, je crois, s'en rapporter aux Romains. Six siècles de possession en Afrique sont des arguments auxquels on ne peut rien opposer. — Les Romains, diront nos grands hommes d'Etat avec un sourire de capacité dédaigneuse, mais c'est de l'histoire ancienne.—Soit; et c'est aussi dans l'histoire ancienne que je veux aller prendre le remède qui me paraît propre à cicatriser la plaie algérienne.

Les Romains n'avaient pas plutôt fait une conquête, que les pouvoirs de l'Etat songeaient déjà au profit que pourrait en retirer la république. On délibérait sérieusement au sénat sur le meilleur parti à prendre, et comme le peuple pouvait demander compte des moyens employés, les intérêts privés et les coteries particulières n'avaient point accès dans les décisions de cette puissante assemblée, qui dictait des lois au monde. Lorsque les vainqueurs d'Annibal eurent anéanti le redoutable empire des Carthaginois, ils ne s'amusèrent pas à poursuivre les tribus errantes des Numides ; ils s'emparèrent des villes situées sur le littoral de la Méditerranée, y firent des ouvrages pour s'y fortifier, et assurer ainsi les communications par mer entre Rome et les possessions d'Afrique. Les ruines qui se voient encore attestent la prévoyance, la sagesse des vues et l'habileté en économie politique de ces Romains dont tant de gens auraient besoin d'étudier les institutions. Mais en même temps que le sénat envoyait un proconsul et des troupes en Afrique, il nommait des magistrats spéciaux pour y conduire et organiser ses colonies. C'étaient eux qui fondaient les villes nouvelles, qui dirigeaient la culture des terres après en avoir assigné le partage et déterminé le mode d'exploitation. Rien, comme on le voit, n'était laissé à l'arbitraire du proconsul. Le système d'administration était arrêté dans le sénat, et les différents officiers publics, qui étaient

les agents du gouvernement, ne faisaient que
suivre le plan conçu à l'avance : ils obéissaient;
car le sénat n'eût pas souffert d'innovations con-
traires à ses ordres. Les troupes ne servaient qu'à
protéger la colonisation; elles repoussaient les
agressions et maintenaient libres l'espace compris
entre la mer et les limites assignées aux colonies;
offrant la paix, la tranquillité aux tribus agrico-
les qui cultivaient leurs terres à l'abri de la puissance romaine, et appelant ainsi sur les marchés
des villes, les produits de ces farouches Numides
qui devenaient amis par intérêt. Les Romains
comprenaient parfaitement que ces peuples nomades, à qui l'indépendance est plus chère que
la vie, n'accepteraient la soumission que comme
un fait passager de la force brutale, et jamais
comme un droit de conquête; aussi en faisant pe-
ser sur eux la puissance de leurs armes, les ar-
mées romaines ne poussaient point leurs excur-
sions militaires au delà de ce qui était nécessaire
au paisible développement de leur colonisation.
On exploitait l'Afrique au profit de la chose publique, et non pas au profit de quelques magistrats qui n'eussent pas manqué de trouver des
tribuns pour les mettre en jugement devant le

peuple, et qui eussent pu payer de leur tête, ou au moins de l'exil, l'infraction aux devoirs de l'honneur ou la désobéissance aux ordres de la république.

L'armée n'était donc pas, en Afrique, l'objet principal, mais, au contraire, l'auxiliaire des institutions civiles et municipales qu'on y fondait. Il n'entrait pas dans la pensée du gouvernement de convertir en Romains les tribus arabes; on se bornait à organiser, avec l'exubérance de la population romaine, des colonies soumises aux lois de la mère patrie, et jamais on ne songea à imposer aux indigènes, des mœurs et des institutions qu'ils auraient invinciblement repoussées, puisque depuis l'époque des patriarches jusqu'à nos jours, aucune modification ne s'est introduite parmi les habitants de cette partie du globe.

Rome poursuivait donc son œuvre, sans s'inquiéter d'autre chose que des moyens arrêtés et reconnus propres pour arriver au but. Ses troupes dressaient des ponts, traçaient des routes, élevaient des aqueducs; et comme dans une société bien organisée, les criminels doivent travailler au profit de tous, les condamnés étaient particulièment occupés aux travaux des ports, aux constructions des monuments d'utilité publique qu'on édifiait dans les villes, parce qu'on ne leur eût pas confié les travaux de l'agriculture, ni la construction des villages destinés aux colons, attendu qu'on n'employait pour ces sortes d'ouvrages, que les troupes elles-mêmes, composées d'hommes libres, qui pouvaient combattre et protéger la colonie naissante : on aurait rougi de la mettre sous la sauvegarde d'hommes que la loi avait flétris.

Ce qui se faisait sous la république romaine, se pratiquait encore, et de la même manière, sous les empereurs. Les légions n'étaient pas en Afrique pour avoir le plaisir d'y faire constamment la guerre; on n'en venait aux mains que quand il n'y avait pas moyen de faire autrement; et la mission des proconsuls était de fonder ou de développer une colonie, qui, au lieu d'être à charge au trésor public, augmentait le revenu de l'Etat.

Pourquoi ce qui s'est fait pendant six cents ans par les Romains, ne se ferait-il pas de nos jours? n'avons-nous pas comme eux des soldats nombreux et aguerris, et un excédant de population qui ne demande que des terres à cultiver? il s'agit donc de savoir employer les uns, et de fonder avec l'autre une colonie véritable. On va s'empresser de nous dire que des villages s'élèvent de toute part et sont prêts à recevoir des habitants. — Des villages!..... et le public crédule et insouciant accepte sans examen les jongleries de la presse algérienne!.... Si un obscur centurion des légions romaines, se fût avisé de s'ériger en *colonisateur*, de bâtir des villages à sa guise, sans que ces constructions répondissent au plan arrêté d'une colonisation réelle, des licteurs saisissant l'intrigant de bas étage, l'eussent traîné jusque sur la place publique de Rome, où le châtiment du fouet réservé au esclaves, eût fait justice de ses prétentions colonisatrices, sans que la faveur aveugle du proconsul eût pu soustraire son favori au juste exemple de sévérité qui eût rappelé les autres à leurs devoirs.

Que le gouvernement chasse donc les intrigants qui font de l'Algérie un gouffre où viendrait s'engloutir le budget tout entier, si l'on n'y prend garde; qu'il arrête, comme à Rome, un plan complet de colonisation; qu'il charge des magistrats spéciaux de conduire et d'installer les colons; que ces magistrats divisent les terres, règlent l'établissement des villages, de manière à ce que le colon, à portée de sa culture, puisse avoir non-seulement un logement pour lui, mais encore un abri pour le matériel nécessaire à son exploitation. Que des agriculteurs expérimentés président à ces constructions, qui sont les bases de la prospérité future d'une colonie; que les troupes, circonscrites dans la sphère de leur service militaire, veillent d'abord à la sûreté des colons; qu'elles entretiennent les communications libres, avec les points importants pour les développements de l'industrie agricole; qu'elles ouvrent les routes, qu'elles creusent des canaux, qu'elles construisent des aqueducs, enfin qu'on les emploie, comme les légions romaines, aux travaux d'utilité générale. Sous ce rapport, notre organisation militaire se prête merveilleusement au plan que nous indiquons. Qu'on affecte aux travaux dont nous venons de parler, les compagnies de discipline; elles sont en assez grand nombre, en Algérie, pour suffire seules à tous les besoins. Les régiments n'auront même plus besoin de fournir des travailleurs, ce qui diminuera les fatigues des soldats. Dans les villes où des travaux longs et considérables doivent être exécutés, qu'on y applique les condamnés militaires aux peines correctionnelles du boulet et des travaux publics.

Ici, nous devons rendre hommage à **M.** le maréchal ministre de la guerre, qui vient de donner aux ateliers des condamnés, une organisation vraiment rationnelle et conforme à la loi. Cette mesure, qui est un bienfait réel, a été reçue avec acclamation par les honnêtes gens ; mais elle a été vue avec colère par ceux dont elle dérangeait les calculs, et à qui profitait le scandale de l'administration précédente. Les condamnés, divisés en plusieurs ateliers, sont répartis dans les différentes villes du littoral, où des travaux de défense appellent leurs bras. Ces malheureux ont salué l'organisation nouvelle qui les arrache aux brutalités barbares d'un geôlier heureusement étranger à la France, par des cris répétés de vive le roi ! Les travaux si importants du port d'Alger, ceux de Cherchell, de Philippeville, de Tenez, de Bône, d'Oran, de la Calle, vont enfin être poussés avec activité. Que **M.** le ministre de la guerre poursuive cette œuvre bien commencée, qu'il extirpe du sol de l'Algérie, les trafiqueurs éhontés qui colorent leurs exactions par les mensonges payés que répètent quelques journaux, et qui trompent jusqu'au *Moniteur* lui-même ; qu'il ne permette plus que des villages construits au hasard, et pour lesquels les dépenses énormes qu'ils entraînent, passent à la faveur des noms augustes qu'on leur donne, s'élèvent sans ordre, sans plan, sans réflexion, et de manière à ce qu'aucune de ces habitations ne puisse servir à des agriculteurs. Que M. le ministre de la guerre écoute et consulte des agronomes instruits : il n'en manque pas en France ; qu'il envoie avec les pouvoirs nécessaires des agriculteurs riches et savants ; plusieurs lui ont déjà adressé des observations à ce sujet, et il verra s'établir des villages véritables, importants, bien appropriés à leur objet, dont les journaux ne parleront peut-être point, mais dont la France s'applaudira, parce qu'elle y trouvera économie pour le présent et profit pour l'avenir.

www.ingramcontent.com/pod-product-compliance
Lightning Source LLC
Chambersburg PA
CBHW061157050726
47594CB00008B/3446